BEI GRIN MACHT SICH IHR WISSEN BEZAHLT

AF153687

- Wir veröffentlichen Ihre Hausarbeit,
  Bachelor- und Masterarbeit

- Ihr eigenes eBook und Buch -
  weltweit in allen wichtigen Shops

- Verdienen Sie an jedem Verkauf

Jetzt bei www.GRIN.com hochladen
und kostenlos publizieren

Tamara Rachbauer

Rezension zum 2. Kapitel von Watzlawicks Buch "Menschliche Kommunikation" (Wiki-Texte)

Aufgabe 2 der Online-Vorphase im Modul 07 – Kommunikationstheorie

GRIN Verlag

Bibliografische Information der Deutschen Nationalbibliothek:

Die Deutsche Bibliothek verzeichnet diese Publikation in der Deutschen National-
bibliografie; detaillierte bibliografische Daten sind im Internet über http://dnb.d-
nb.de/ abrufbar.

Impressum:

Copyright © 2010 GRIN Verlag GmbH
Druck und Bindung: Books on Demand GmbH, Norderstedt Germany
ISBN: 978-3-656-71429-3

Dieses Buch bei GRIN:

http://www.grin.com/de/e-book/278267/rezension-zum-2-kapitel-von-watzlawicks-
buch-menschliche-kommunikation

GRIN - Your knowledge has value

Der GRIN Verlag publiziert seit 1998 wissenschaftliche Arbeiten von Studenten, Hochschullehrern und anderen Akademikern als eBook und gedrucktes Buch. Die Verlagswebsite www.grin.com ist die ideale Plattform zur Veröffentlichung von Hausarbeiten, Abschlussarbeiten, wissenschaftlichen Aufsätzen, Dissertationen und Fachbüchern.

Besuchen Sie uns im Internet:

http://www.grin.com/

http://www.facebook.com/grincom

http://www.twitter.com/grin_com

Wiki-Texte – Rezension zum 2. Kapitel von Watzlawicks Buch „Menschliche Kommunikation"

Arbeitsauftrag 2 der Online-Vorphase im Modul 07 – Kommunikationstheorie

vorgelegt von: *Tamara Rachbauer*

Inhaltsverzeichnis

1 Arbeitsauftrag 2 – Wiki-Text

- Unser Arbeitsauftrag war es eine Rezension zum 2. Kapitel von Watzlawicks „Menschliche Kommunikation" im Umfang von wenigstens 1,5 A4-Seiten zu erstellen. Und in einem in einem zweiten Teil, die 5 pragmatischen Axiome von Watzlawick auf die Kommunikation in virtuellen Räumen zu übertragen.

2 Über Paul Watzlawick

Paul Watzlawick (* 25. 07. 1921 in Villach/Kärnten, † 31. 03. 2007 in Palo Alto/Kalifornien) war ein Kommunikationswissenschaftler, Psychotherapeut, Psychoanalytiker, Soziologe, Philosoph und Autor.

Kurzbiographie

- **1921** Geboren in Villach

- **1939** Studium der Philologie und Philosophie in Venedig, Ausbildung zum Psychotherapeuten am C.-G.-Jung-Institut in Zürich

- **1957** Ruf an die Universität von El Salvador

- **1960** Forschung am Mental Research Institute in Palo Alto

- **1967** Professor für Psychotherapie an der Stanford University.

- **2002** Ehrenpreis der Viktor Frankl-Stiftung der Stadt Wien.

- **2007** gestorben im Alter von 85 Jahren in seiner Wahlheimat Palo Alto an einer schweren Krankheit.

Im deutschsprachigen Raum wurde Paul Watzlawick vor allem durch seine Veröffentlichungen zur Kommunikationstheorie und den radikalen Konstruktivismus bekannt. Für außergewöhnliche Leistungen in der Kommunikationsbranche wird in Österreich der Paul-Watzlawick-Preis verliehen.

Als Hauptwerk gilt seine auf den fünf pragmatischen Axiomen aufbauende Kommunikationstheorie.

Berühmtestes Beispiel ist das erste Axiom:

„Man kann nicht nicht kommunizieren, denn jede Kommunikation (nicht nur mit Worten) ist Verhalten und genauso wie man sich nicht nicht verhalten kann, kann man nicht nicht kommunizieren." - Paul Watzlawick

Die fünf metakommunikativen Axiome von Paul Watzlawick sind meiner Meinung nach sicherlich ein entscheidender Schritt in der Kommunikationsforschung und haben auch Einfluss auf andere Entwicklungen in diesem Bereich, wie z. B. das Modell der vier Seiten einer Nachricht von Schulz von Thun, gehabt bzw. haben diesen Einfluss noch immer.

3 Rezension zum 2. Kapitel von Watzlawicks Buch „Menschliche Kommunikation"

3.1 Die 5 Grundregeln menschlicher Kommunikation oder die 5 pragmatischen Axiome

In seinem 1967 in New York unter dem Titel "Pragmatics of Human Communication. A Study of Interactional Patterns, Pathologies and Paradoxes" erschienen Buch *„Menschliche Kommunikation. Formen, Störungen, Paradoxien"* beschreibt Paul Watzlawick im Kapitel 2 - Pragmatische Axiome - ein Definitionsversuch - 5 Grundregeln (pragmatische Axiome), welche die Grundlage für eine funktionierende Kommunikation bilden und ihre Paradoxie zeigen. Dabei sagen die Autoren selbst aus, dass diese Axiome als Versuch definiert werden. Jedes Axiom wird nachvollziehbar aus theoretischen Aussagen entwickelt und begründet.

Da sich Kommunikation sowohl auf der Sprachebene als auch auf der Verhaltensebene abspielt, können natürlich auch auf beiden Ebenen Störungen auftreten. Diese Störungen in der Kommunikation hängen laut Watzlawick mit einem Verstoß oder einem Fehlverhalten gegen diese Axiome zusammen.

Die 5 Grundregeln (pragmatische Axiome) nach Paul Watzlawick lauten:

1. Man kann nicht nicht kommunizieren

2. Jede Kommunikation hat einen Inhalts- und einen Beziehungsaspekt

3. Kommunikation ist immer Ursache und Wirkung

4. Menschliche Kommunikation bedient sich analoger und digitaler Modalitäten

5. Kommunikation ist symmetrisch oder komplementär

3.2 Axiom 1: Die Unmöglichkeit, nicht zu kommunizieren oder *Man kann nicht nicht kommunizieren*

„Handeln oder Nichthandeln, Worte oder Schweigen haben alle Mitteilungscharakter:Sie beeinflussen andere, und diese anderen können ihrerseits nicht nicht auf diese Kommunikation reagieren und kommunizieren damit selbst." – *Erstes metakommunikatives Axiom nach Watzlawick*

Watzlawick weist drauf hin, dass das Material, das zur Kommunikation eingesetzt wird, nicht nur aus Worten besteht, sondern darüber hinaus auch paralinguistische Phänomene (wie z. B. der Tonfall), die Körperhaltung - kurz: das gesamte Verhalten zum Verständnis beitragen.

Da es nun zum Begriff Verhalten kein Gegenteil gibt, also mit anderen Worten, man sich nicht nicht verhalten kann, folgt daraus, dass man auch nicht nicht kommunizieren kann. Er führt das Beispiel eines Mannes an, der in einem überfüllten Wartezimmer auf den Boden starrt und damit den anderen Personen im Raum wirkungsvoll signalisiert, dass er nicht angesprochen werden möchte.

Gerade durch dieses 1. Axiom ist, meiner Meinung nach, gut nachvollziehbar, dass jegliches Verhalten, das wir in sozialen Situationen an den Tag legen ebenso Mitteilungscharakter hat wie das gesprochene Wort. Und nur wenn wir uns dies auch bewusst machen, können wir Kommunikation auch erfolgreich gestalten.

Wichtig ist in diesem Zusammenhang, dass man nicht nur dann von Kommunikation spricht, wenn die Nachrichtenübermittlung bewusst und erfolgreich ist. Da die Kommunikationswissenschaft eine empirische Wissenschaft ist, also auf beobachtbare Vorgänge basiert, sind solche Prozesse wie der Erfolg einer Kommunikation, also ob die ausgesendete Nachricht der empfangenen entspricht, nicht fassbar, da dafür die Kenntnis subjektiver Daten erforderlich wären.

Störungen entstehen z.B. durch

- ein Ignorieren der Kommunikation (durch Nicht-Antworten oder Nicht-Eingehen auf das, was die Partnerin/der Partner sagt),

- widerwillige Annahme der Kommunikation

- Abweisungen wie „Mit dir will ich nichts zu tun haben", da diese an sich widersprüchlich sind

- Entwertung der Aussagen der Partnerin/des Partners z. B. durch häufige Themenwechsel, Nicht-bei-der-Sache-sein, Bagatellisierung („das wird schon wieder")

- das Bestreben eine stattgefundene Kommunikation ungeschehen zu machen und

- Flucht in Symptome wie Müdigkeit, Kopfschmerzen, Krankheit

3.3 Axiom 2: Die Inhalts- und Beziehungsaspekte der Kommunikation

„Jede Kommunikation hat einen Inhalts- und einen Beziehungsaspekt, derart, dass letzterer den ersteren bestimmt und daher eine Metakommunikation ist." – *Zweites metakommunikatives Axiom nach Watzlawick*

Jede Kommunikation besteht aus

- einem *Inhaltsaspekt* – das Was einer Botschaft, hier werden also Informationen, Daten, Fakten mitgeteilt (vergleichbar mit dem Sachinhalt bei Schulz von Thun, zum Teil auch mit der Appellseite) und

- einem *Beziehungsaspekt* – das Wie der selben Botschaft (Instruktionen), hier wird durch Mimik, Gestik und Tonfall mitgeteilt, wie die Inhalte zwischenmenschlich zu verstehen sind (vergleichbar in etwa mit der Beziehungs- und Selbstoffenbarungsseite, zum Teil auch mit der Appellseite bei Schulz von Thun)

Man kann ein Beziehungsangebot, das in einer Nachricht steckt, ablehnen, aber man kann nicht nicht darauf reagieren. Für Watzlawick ist es ein Kennzeichen „kranker" (konfliktreicher) Beziehungen, das der Beziehungsaspekt der Nachricht dominiert, da pausenlos um die Definition der Beziehung gerungen wird. Watzlawick vergleicht den Inhalts- und den Beziehungsaspekt mit einer Rechenoperation, die von einem elektronischen Rechner ausgeführt wird. Die reinen Daten (Zahlen) entsprechen dem Inhalt, die „Instruktion" (z. B. Multiplizieren) entspricht dem Beziehungsaspekt. Da die „Instruktion" eine „Metainformation" über die Daten darstellt, also durch die Instruktion bestimmt wird, wie sich die Daten zueinander verhalten, geht Watzlawick so weit, den Begriff der „Metakommunikation" mit dem Begriff „Beziehungsaspekt" gleichzusetzen.

Dieser Schritt mag anfangs etwas schwierig nachzuvollziehen sein, wenn man bei Metakommunikation an die Beschreibung von Schulz von Thun denkt. Dieser beschreibt in seinem Buch - Miteinander Reden I - die Metakommunikation als eine Kommunikation über die Kommunikation, also eine Auseinandersetzung über die Art, wie wir miteinander umgehen, und über die Art, wie wir die gesendeten Nachrichten gemeint ud die empfangenen Nachrichten entschlüsselt und darauf reagiert haben. Zum Unterschied zu Watzlawick meint er damit aber die explizite Metakommunikation, wohingegen Watzlawick die implizite Metakommunikation meinen dürfte, also der metakommunikative Anteil, ein So-ist-das-gemeint-Anteil, der ohnehin in jeder Nachricht steckt. Wenn man sich den Umstand vor Augen führt, dass Schulz von Thun mit seinen 4 Seiten einer Nachricht auf der Theorie von Watzlwaick aufbaut und diesen Unterschied - explizit/implizit - beachtet, wird auch klar, warum Watzlawick den Begriff (implizite) Metakommunikation mit dem Beziehungsaspekt gleichsetzt.

In diesem Zusammenhang weist er auch darauf hin, dass bei schriftlicher Kommunikation metakommunikativer Verstehensanweisungen (z.B. Tonfall, Gestik, Mimik) wegfallen und so der Beziehungsaspekt verloren gehen kann.

Nach Watzlawick ist eine Kommunikation dann erfolgreich, wenn

- entweder auf beiden Ebenen Einigkeit herrscht oder aber

- die Beziehungsebene durch eine Uneinigkeit auf der Inhaltsebene nicht beeinträchtigt wird.

Störungen nach dem 2. Axiom entstehen durch

- Uneinigkeiten zwischen Inhalts- und Beziehungsebene

- Austragen von Beziehungs-Konflikten in der Inhaltsebenen

- Übertragen der Uneinigkeit von der Inhaltsebene auf die Beziehungsebene

- eine negativ gestaltete Beziehungsebene

- Unklarheiten in der Beziehung und/oder Ebenenverwechslung

- Versuche, den Beziehungsaspekt aus der Kommunikation herauszuhalten

3.4 Axiom 3: Die Interpunktion von Ereignisfolgen

„Die Natur einer Beziehung ist durch die Interpunktion der Kommunikationsabläufe seitens der Partner bedingt. " – Drittes metakommunikatives Axiom nach Watzlawick

Die KommunikationspartnerInnen gliedern den Kommunikationsablauf unterschiedlich und interpretieren ihr Verhalten als Reaktion auf das Verhalten des jeweils anderen. Das heißt, dass die Ursache als Anfang für Kommunikationskonflikte ebenfalls beim jeweils anderen gesucht wird.

Laut Watzlawick kann menschliche Kommunikation aber nicht in solche Kausalketten aufgegliedert werden, weil sie kreisförmig verläuft. Das heißt, dass bei einem aufgetretenen Konflikt meist niemand mehr genau sagen kann, wer überhaupt angefangen hat, also was überhaupt die Ursache war.

Watzlawick und andere geben folgendes Beispiel für Interpunktionen:

Ein Ehepaar hat dauernd Streit. Sie, die Ehefrau, nörgelt dauernd an ihrem Mann herum, der Ehemann zieht sich zurück und sie nörgelt.

Daraus ergibt sich folgendes kreisförmiges Konfliktschema:

Beide interpretieren also ihr Verhalten als Reaktion auf das Verhalten des anderen, sie interpunktieren diese Ereignisfolgen so, dass jeweils das Verhalten des anderen als Ursache für das eigene Verhalten genommen wird:

- Sie geht davon aus, dass sie nörgelt, weil er sich zurückzieht.

- Er geht davon aus, dass er sich zurückzieht, weil sie nörgelt.

Die Suche nach dem jeweils Schuldigen („Du bist schuld!") führt die PartnerInnen in eine ausweglose Situation, in der z.B. jeder jedem mangelnde Einsicht oder gar Böswilligkeit unterstellt.

Gerade durch dieses bekannte Beispiel macht Watzlawick, meiner Meinung nach, sehr gut verständlich und nachvollziehbar, was er mit dem 3. Axiom aussagen will. Denn wer kennt solche Situationen nicht, in denen niemand mehr weiß, wer überhaupt angefangen hat und jede(r) sein Verhalten als Reaktion auf das Verhalten des jeweils anderen sieht und sich die gesamte Kommunikation im Kreis dreht. Das erinnert mich auch an die alles entscheidende Frage, was zuerst da war, das Huhn oder das Ei. Um aus dieser ausweglosen Situation entfliehen zu können, müsste laut Watzlawick eine(r) der KommunikationspartnerInnen einen Kommunikationscut durchführen und sagen: „Stopp, hier hat es angefangen, das ist die Ursache". Ja, wenn das so einfach wäre...

3.5 Axiom 4: Digitale und analoge Kommunikation

„Menschliche Kommunikation bedient sich digitaler (verbaler) und analoger (nonverbaler) Modalitäten (Ausdrucksmittel). Digitale Kommunikationen haben eine komplexe und vielseitige logische Syntax aber eine auf dem Gebiet der Beziehungen unzulängliche Semantik (Bedeutungslehre). Analoge Kommunikationen hingegen besitzen dieses semantische Potential, ermangeln aber die für eindeutige Kommunikation erforderliche logische Syntax." – *Viertes metakommunikatives Axiom nach Watzlawick*

Watzlawick meint in seinem 4. Axiom, dass sich die Kommunikation verbaler und nonverbaler Ausdrucksmittel bedient, bzw. eine digitale und eine analoge Kommunikationsform unterschieden werden kann. Da nach Axiom 3 jede Kommunikation aus einem Inhalts- und einem Beziehungsaspekt besteht, wird dadurch deutlich, dass die digitalen und die analogen Kommunikationsweisen nicht nur nebeneinander bestehen, sondern sich in jeder Mitteilung gegenseitig ergänzen.

- *Mit der analogen Kommunikationsform* meint er Mimik, Gestik, Tonlage, Tonfall, etc.

  – semantisches Potential

  – hier fehlt die logische Syntax

  – diese Form nutzen wir für den Beziehungsaspekt

- *Mit der digitalen Kommunikationsform* meint er die verbale, abstrakte Zeichensprache

  – hier gibt es eine logische Syntax

  – unzulängliche Semantik

  – diese Form nutzen wir für den Inhaltsaspekt

Störungen nach dem 4. Axiom

- Analoge Kommunikation ist mehrdeutig und kann somit auch falsch interpretiert werden

- Auch die digitale Kommunikation ist nicht immer klar und eindeutig; vor allem auf dem Gebiet der Beziehungen haben sie eine unzulängliche Semantik

- das Überwiegen einer Codierungsart kann zu Störungen führen

- Nichtübereinstimmung von digitaler und analoger Kommunikation

- Nichtbewusstsein der eigenen analogen Kommunikation bei einem Kommunikationspartner

3.6 Axiom 5: Symmetrische und komplementäre Interaktionen

„Zwischenmenschliche Kommunikationsabläufe sind entweder symmetrisch (gleichwertig) oder komplementär (ergänzend), je nachdem ob die Beziehung zwischen den Part-

nern auf Gleichheit oder Unterschiedlichkeit beruht. " – Fünftes metakommunikatives Axiom nach Watzlawick

Watzlawick bringt damit zum Ausdruck, dass zwischenmenschliche Beziehungen durch

- *Gleichheit* oder

- *Unterschiedlichkeiten* gekennzeichnet sind.

Somit können Kommunikationsabläufe zwischen zwei InteraktionspartnerInnen entweder

- *komplementär*, also ergänzend sein - das Verhalten der einen Interaktionspartnerin/des einen Interaktionspartners wird von der anderen/dem anderen ergänzt

- *symmetrisch*, also gleichwertig sein - das Verhalten der beiden InteraktionspartnerInnen ist gleichwertig

Führt man sich folgende Beispiele für komplementäres und symmetrisches Verhalten vor Augen, wird auch klar, was Watzlawick mit dem 5. Axiom aussagen will. Wenn in einer Beziehung ein(e) PartnerIn dominiert und dadurch als Reaktion des/der anderen PartnerIn Unterwerfung einfordert, dann handelt es sich um ein komplementäres Verhalten. In komplementären Beziehungen ergänzen sich also unterschiedliche Verhaltensweisen und bestimmen den Interaktionsprozess. Wenn sich z.b. eine Gruppe prahlerisch verhält und die andere Gruppe darauf ebenfalls mit Prahlen antwortet, dann wird sich daraus ein Wettstreit entwickeln, der in der Folge zu immer mehr Prahlen führt. Es wird also eine Gleichheit und damit eine Verminderung vorhandener Unterschiede angestrebt.

Störungen nach dem 5. Axiom

- *Symmetrische Eskalation* - Beide Kommunikationspartner wollen etwas gleicher sein als der andere, es herrscht also eine zu starke Gleichheit der Kommunikationspartner

- *Starre Komplementarität* - Starkes Autoritäts- bzw. Machtgefälle, so dass eine Abhängigkeitsbeziehung oder Unselbstständigkeit und Fremdbestimmung entstehen

4 Versuch, die 5 pragmatischen Axiome von Watzlawick auf die Kommunikation in virtuellen Räumen zu übertragen

4.1 Übertragung von Axiom 1: Die Unmöglichkeit, nicht zu kommunizieren

Für die Übertragung von Axiom 1 auf den virtuellen Raum, gilt es zuerst einmal festzuhalten, was zum virtuellen Raum gehört.

Dabei kann unterschieden werden zwischen

- *asynchronen Interaktionsformen*, bei denen die Kommunikation zeitversetzt stattfindet

    - *asynchrone textbasierte Interaktionsformen* wie z.b. Diskussionsforen, Nachrichten via Social Networks, E-Mail Verkehr

- *synchronen Interaktionsformen*, bei denen sich die Kommunikationspartner zeitgleich begegnen.

    - *synchrone f2f-ähnliche Interaktionsformen* wie Skype (Internettelefonie), Videokonferenzen, Telefon-, Videogespräche und

    - **synchrone textbasierte Interaktionsformen** wie Chats

4.1.1 asynchrone Interaktionsformen

Im ersten Fall sitzen sich die KommunikationspartnerInnen nicht real gegenüber, das heißt es fallen neben den paralinguistischen Phänomene wie z. B. Tonfall, Lachen, Seufzen etc. auch viele der Verhaltensweisen, die ebenfalls kommunikative Signale transportieren, wie z.b. Körperhaltung und Körpersprache, einfach weg. Eine etwas notdürftige Möglichkeit bieten die emoticons. (Die im Kapitel „digitale und analoge Kommunikation" - 4. Axiom der Kommunikation - nochmals genauer besprochen werden)

Im Fall von Foren, Newsgroups, Chats ist es schwierig zu sagen, ob die Möglichkeit besteht, nicht zu kommunizieren. Denn keine Rückmeldung auf eine Email/einen Posting-Eintrag oder die Geschwindigkeit der Rückmeldung auf eine Email/einen Posting-Eintrag ist auch eine Form der Kommunikation, die auf verschiedene Art und Weise interpretiert werden kann, z.B. für die Kommunikationspartnerin/den Kommunikationspartner zu unwichtig, fehlendes Interesse etc. Es könnte aber auch sein, dass ein fehlendes Feedback auf technische Probleme zurückzuführen ist, aber davon weiß die andere Gesprächspartnerin/der andere Gesprächspartner im Moment ja noch nichts. Solche Missverständnisse müssten dann auf andere Weise beseitigt werden, z.B. durch einen Telefonanruf.

Verhaltenskodizes im Bezug auf sprachbasierte, asynchrone Kommunikation sind gerade erst dabei, sich zu etablieren, da diese Form der Nachrichtenübermittlung noch nicht auf eine lange Tradition zurückblicken kann. Daher sind Verstöße gegen die ungeschriebenen und oftmals unbewussten Spielregeln der Kommunikation auch noch nicht so eindeutig zu orten und unterschiedliche Deutungen der Kommunikationspartner treten auf.

4.1.2 synchrone f2f-ähnliche und synchrone textbasierte Interaktionsformen

Im zweiten Fall kommen auch auditive und visuelle Elemente wie in der f2f-Kommunikation zum Einsatz. Im Falle der Internettelefonie und der Videokonferenzen können also auch paralinguistischen Phänomene, Körperhaltung und Körpersprache beobachtet werden. Somit entspricht die Kommunikationssituation in weit größerem Ausmaß der gewohnten Face-To-Face Kommunikation und Aussendungen und Interpretationen der Signale erfolgen wie dort oftmals unbewusst und intuitiv.

4.2 Übertragung von Axiom 2: Die Inhalts- und Beziehungsaspekte der Kommunikation

Jede Kommunikation besteht nach Watzlawick aus

- einem *Inhaltsaspekt* - hier werden also Informationen, Daten, Fakten mitgeteilt und

- einem *Beziehungsaspekt* - hier wird durch Mimik, Gestik und Tonfall mitgeteilt, wie die Inhalte zwischenmenschlich zu verstehen sind

Bei der Übertragung des 2. Axioms auf virtuelle Räume muss wieder, wie schon bei der Übertragung von Axiom 1, unterschieden werden, um welche Art von virtuellem Raum es sich handelt:

- um synchrone f2f-ähnliche Interaktionsformen oder

- um synchrone und asynchrone textbasierte Interaktionsformen

4.2.1 synchrone f2f-ähnliche Interaktionsformen

Bei den synchronen f2f-ähnlichen Interaktionsformen wie Internettelefonie oder Videokonferenzen ist es möglich bei der Kommunikation sowohl den Inhalts- als auch den Beziehungsaspekt ähnlich wie bei wirklichen Face-to-Face Kommunikationen einzubinden.

4.2.2 synchrone und asynchrone textbasierte Interaktionsformen

Anders sieht dies bei den synchronen und asynchronen textbasierten Interaktionsformen aus. Auch Watzlawick selbst weist darauf hin, dass bei schriftlicher Kommunikation metakommunikative Verstehensanweisungen (z.B. Tonfall, Mimik, Gestik) wegfallen und so der Beziehungsaspekt verloren gehen kann. Diese Aussage lässt sich auch auf den virtuellen Raum übertragen. Trotzdem gibt es hier andere Möglichkeiten, die sehr viel über die Beziehung der KommunikationspartnerInnen aussagen wie z.B.

- Art des Schreibens (z.b. formell, informell)

- Schreibstil (z.B. bestimmte Jugendsprache)

- Emoticons (hier gibt es schon eine ganze Menge)

- Einhalten/Nichteinhalten von Spielregeln bei Foreneinträgen

4.3 Übertragung von Axiom 3: Die Interpunktion von Ereignisfolgen

Auch im virtuellen Raum können Kommunikationskonflikte auftreten, sowohl bei synchronen als auch bei asynchronen Interaktionsformen.

4.3.1 synchrone f2f-ähnliche Interaktionsformen

- Bei den *synchronen f2f-ähnlichen Interaktionsformen* müssen die KommunikationspartnerInnen auch mit ähnlichen Problemen wie bei den realen f2f-Kommunikationen kämpfen

4.3.2 synchrone textbasierte und asynchrone, textbasierte Interaktionsformen

- Bei den *synchronen textbasierten und asynchronen textbasierten Interaktionsformen* besteht der Vorteil darin, dass der Anfang, also die Ursache, und das Ende leichter nachvollziehbar sind, da z.b. bei einer Forumsdiskussion die Einträge in schriftlicher Form mit Zeitstempel vorliegen. Trotzdem treten auch hier Konflikte auf, da die KommunikationspartnerInnen ihre Einträge als Reaktion auf den Eintrag der/des jeweils anderen sehen.

4.4 Übertragung von Axiom 4: Digitale und analoge Kommunikation

Auch bei der Übertragung des 4. Axioms auf virtuelle Räume wird wieder zwischen synchronen f2f-ähnlichen und synchronen textbasierten und asynchronen Interaktionsformen unterschieden.

4.4.1   1. synchrone f2f-ähnliche Interaktionsformen

- Bei den synchronen f2f-ähnlichen Interaktionsformen können die KommunikationspartnerInnen ähnlich wie bei der Face-to-Face-Kommunikatione sowohl digitale als auch analoge Kommunikationsformen einsetzen

4.4.2   2. synchrone textbasierte und asynchrone Interaktionsformen

- Bei den synchronen textbasierten und asynchronen Interaktionsformen kommt es zu starken Einschränkungen bei den analogen Kommunikationsformen, also beim Beziehungsaspekt. Es kommt zu einer Fokussierung auf den digitalen Bereich, also den Inhaltsaspekt. Um auch analoge Kommunikationsformen nutzen zu können, kommen vor allem Emoticons zum Einsatz, wobei diese, wie schon bei Axiom 1 beschrieben nur eine notdürftige Lösung darstellen und das "echte Gefühl" nicht ersetzen können.

4.5 Übertragung von Axiom 5: Symmetrische und komplementäre Interaktionen

Auch im virtuellen Raum gibt es symmetrische und komplementäre Interaktionen, Gleichheit und Ungleichheit.

Beispiel Lernplattform (Moodle):

- *Komplementäre (ergänzende) Kommunikationsabläufe* zwischen BetreuerInnen (TutorInnen) und StudentInnen bzw. StudentInnen und StudentInnen

  – wenn z. B. eine Studentin/ein Student Beiträge postet und eine andere Studentin/ein anderer Student versucht diese Einträge ständig zu übertreffen, sodass sich erstere(r) vom Ehrgeiz gepackt „gezwungen" fühlt, diese ebenfalls wieder zu übertreffen [bei Watzlawick fällt das unter symmetrische Schismogenese, siehe S. 69 das Beispiel vom Prahlen] oder

  – wenn z. B. eine Studentin/ein Student Beiträge postet und eine andere Studentin/ein anderer Student versucht diese Einträge ständig „herunterzumachen", sodass sich erstere(r) in weiterer Folge bemüßigt fühlt, defensive Abwehrmechanismen zu entwickeln [das ist ein Beispiel für asymmetrische Interaktion, weil der eine immer dominanter und der andere immer defensiver wird].

- *Symmetrische (gleichwertige) Kommunikationsabläufe* zwischen BetreuerInnen (TutorInnnen) und BetreuerInnen bzw. StudentInnen und StudentInnen, aber auch zwischen BetreuerInnen (TutorInnen) und StudentInnen

  – wenn sich z. B. BetreuerInnen (TutorInnen) und StudentInnen gegenseitig auf bestimmte Websites, Programme etc. aufmerksam machen. Jeder Beitrag, den eine(r) macht, veranlasst die andere/den anderen, ebenfalls ihren/seinen Beitrag zu leisten, usw.

5 Quellen

- P. Watzlawick, J. H. Beavin, D. D. Jackson (2007). Menschliche Kommunikation. Formen, Störungen, Paradoxien. 11., unveränderte Aufl. Bern: Huber. ISBN: 978-3-456-84463-3

- http://www.paulwatzlawick.de/ - Paul Watzlawick Website

- http://www.paulwatzlawick.de/axiome.html - Die Axiome von Paul Watzlawick

- http://www.germanistik-kommprojekt.uni-oldenburg.de/sites/1/1_05.html - Fünf kommunikationspsychologische Axiome

- http://www.wirtschaftswissen.info/exkurse/deutsch/kommunikation/kommunikationsaxiome-nach-watzlawick.php - Kommunikationsaxiome nach Paul Watzlawick

- http://www.topos-online.at/f/axiome.htm - Kommunikationsmodell nach Paul Watzlawick